Control de accesos

avanza editorial

Editado por:
EDITORIAL FAE, S.L.U.
Correo electrónico: editorial@editorialfae.com

Control de accesos
Beatriz Coronado García

1ª Edición

ISBN: 978-84-1135-375-5

Impreso en España

Índice

Módulo 1. Control de accesos

Aplicaciones prácticas

Ejercicio de evaluación final

Solucionario

Bibliografía

Índice

Módulo 1. Control de accesos

Introducción

El control de accesos es una función clave dentro del ámbito de la seguridad privada, orientada a garantizar que únicamente las personas, vehículos y objetos autorizados puedan entrar o salir de un recinto, instalación o área determinada. Esta actividad cobra especial relevancia en entornos como empresas, centros logísticos, instalaciones críticas, edificios públicos o recintos con afluencia masiva de personas.

El personal que realiza tareas de control de accesos debe contar con nociones básicas sobre sistemas de identificación, inspección y gestión de accesos, así como desarrollar habilidades personales como la resolución de conflictos, la proactividad ante riesgos y la comunicación efectiva. Además, debe familiarizarse con la utilización de medios tecnológicos (lectores de tarjetas, sistemas biométricos, videovigilancia, etc.) y saber colaborar con otros subsistemas o equipos de seguridad, manteniendo siempre una actitud profesional y atenta a los protocolos establecidos.

Dado que el control de accesos puede ser realizado tanto por personal habilitado como por auxiliares de seguridad en funciones no intrusivas ni coercitivas, este módulo tiene un enfoque instrumental, práctico y preventivo, y se basa en la comprensión y correcta aplicación de procedimientos definidos.

Objetivos

- Comprender las funciones básicas del control de accesos, así como su importancia en el contexto de la seguridad general.
- Identificar los distintos tipos de accesos (personas, objetos, vehículos, mercancías) y aplicar correctamente los procedimientos para su gestión.
- Utilizar instrumentos y tecnologías de control de accesos, tanto de identificación automática como no automática, ajustándose a los protocolos establecidos.
- Colaborar eficazmente con medios humanos y subsistemas de seguridad, mostrando iniciativa y responsabilidad en la vigilancia de accesos.
- Detectar riesgos potenciales asociados a accesos no autorizados o inadecuadamente gestionados, aplicando medidas preventivas básicas.
- Actuar con resolución y criterio en situaciones conflictivas, manteniendo la calma, respetando los derechos de las personas y actuando conforme a las directrices recibidas.

1. Gestión del control de accesos

La gestión del control de accesos constituye un elemento esencial en la estructura de seguridad de cualquier tipo de instalación, edificio, recinto o espacio con restricción de paso.

Garantizar que solo personas, vehículos, objetos o mercancías autorizadas accedan a zonas determinadas, previniendo así posibles riesgos, intrusiones o pérdidas.

Este proceso requiere una combinación de medios humanos, organizativos y tecnológicos, que, coordinados de manera eficaz, permiten supervisar de forma continua quién entra, quién sale, cuándo y con qué fin. Además, se apoya en protocolos definidos que deben ser conocidos y aplicados rigurosamente por el personal responsable.

Fig. 1. El control puede llevarse a cabo de manera presencial, automatizada o combinada

Entre los elementos que integran la gestión del control de accesos se incluyen:

- Definición de niveles de acceso, según perfiles de usuarios.
- Protocolos de verificación e identificación, mediante herramientas físicas o digitales.
- Supervisión y registro de entradas/salidas.
- Gestión de incidencias y comunicación con otros subsistemas de seguridad.

- Integración con normativas de protección de datos, prevención de riesgos y legislación en seguridad privada.

La eficacia del sistema de control depende tanto de la calidad de los dispositivos técnicos empleados como de la formación y actuación del personal humano, que debe estar preparado para gestionar situaciones rutinarias y excepcionales con criterio, respeto y resolución. Por tanto, una adecuada gestión de los accesos permite:

- **Prevenir riesgos:** robos, vandalismo, sabotajes, intrusiones, agresiones, etc.
- **Mejorar la trazabilidad:** mantener un registro claro de las entradas y salidas para auditorías o investigaciones.
- **Optimizar recursos:** asignar accesos solo donde y cuando se necesitan.
- **Proteger bienes y personas:** tanto materiales como datos sensibles o personal vulnerable.
- **Cumplir requisitos legales y normativos:** especialmente en entornos industriales, sanitarios, públicos o de alta concurrencia.

Por otro lado, los tipos de sistema con los que se puede llevar a cabo la gestión de acceso son tres:

- **Manual o presencial.** Requiere intervención directa del personal de control, por ejemplo, control por lista, comprobación visual de DNI, etc.
- **Automático.** Utiliza tecnologías para autenticar identidades y registrar accesos. Esto se puede llevar a cabo a través de tarjetas magnéticas, huellas dactilares, códigos QR, entre otros.
- **Mixto.** Combina supervisión humana con herramientas automáticas, por ejemplo, tornos con lector de tarjetas supervisados por personal.

1.1. Conocimiento acerca de las funciones básicas del control de accesos

Como se ha mencionado, el control de accesos es una actividad fundamental dentro de los sistemas de seguridad, cuyo objetivo principal es regular, verificar y registrar el ingreso y salida de personas, vehículos, mercancías y objetos en un recinto determinado. Esta función tiene como finalidad prevenir intrusiones, robos, daños o riesgos derivados del acceso no autorizado a instalaciones o áreas sensibles.

El personal encargado del control de accesos debe tener clara la finalidad preventiva y de supervisión de esta tarea, actuando siempre con criterio, profesionalidad y respeto a los derechos de las personas.

Fig. 2. El personal auxiliar o de apoyo puede desarrollar tareas de control siempre que no implique detenciones, cacheos ni actuaciones con uso de fuerza

 **Importante**

La labor del personal de control de accesos no debe confundirse con la vigilancia armada o coercitiva, que solo puede ser realizada por vigilantes habilitados conforme a la Ley 5/2014, de 4 de abril, de Seguridad Privada.

Por tanto, las **funciones** esenciales del control de accesos pueden agruparse en las siguientes categorías:

- **Verificación de autorizaciones.** Comprobar que las personas, vehículos u objetos que desean ingresar están debidamente autorizados.
- **Registro de entradas y salidas.** Anotar o digitalizar los datos de entrada/salida (hora, identidad, motivo, etc.) para su posterior consulta o control.
- **Supervisión de objetos y mercancías.** Inspeccionar bolsas, paquetes o mercancías que ingresan o salen del recinto, según el protocolo interno.
- **Aplicación de protocolos de identificación.** Utilizar métodos manuales o automáticos (documento de identidad, tarjeta, huella, etc.) para confirmar la identidad del usuario.
- **Comunicación de incidencias.** Informar de inmediato al personal competente sobre cualquier irregularidad, conflicto o sospecha detectada.
- **Control del perímetro de acceso.** Mantener vigilancia visual o técnica sobre las puertas, tornos, barreras o zonas de paso, evitando accesos no autorizados.
- **Atención al visitante.** Ofrecer indicaciones básicas a visitantes o transportistas sobre normas de acceso, zonas permitidas o protocolos de entrada.

Ejemplo

En una empresa logística, cada trabajador debe acceder mediante una tarjeta identificativa personal. Además, todo vehículo externo debe ser registrado y acompañado hasta la zona de descarga. Una persona ajena al centro intenta acceder sin identificación alegando que es proveedor habitual. El personal de control:

1. Le solicita un documento identificativo.
2. Verifica si está incluido en la base de datos de proveedores.
3. Llama al responsable de compras para confirmar.
4. Una vez verificado, permite el acceso temporal con pase de visitante.

Este ejemplo muestra cómo se deben seguir protocolos claros, con criterios de identificación y verificación, evitando accesos indebidos sin recurrir a medidas intrusivas.

Por otro lado, en contextos donde se traten datos personales, como el nombre completo, documento identificativo o imágenes de videovigilancia, deben respetarse los principios establecidos por:

- **Ley Orgánica 3/2018, de Protección de Datos Personales y garantía de los derechos digitales (LOPDGDD).** Establece que cualquier tratamiento de datos personales, como el registro de entradas y salidas, grabaciones de cámaras o sistemas de identificación biométrica, debe cumplir con los principios de limitación de acceso, confidencialidad y legitimidad. En el contexto del control de accesos, esto implica informar a las personas sobre la recogida de sus datos, evitar el uso excesivo de información y garantizar que solo el personal autorizado acceda a esos registros.
- **Reglamento (UE) 2016/679 (RGPD).** Refuerza la protección de datos personales en toda la Unión Europea. En el ámbito del control de accesos, este reglamento obliga a las organizaciones a implementar medidas técnicas y organizativas adecuadas para garantizar que los datos solo estén disponibles para personas con un nivel de acceso autorizado. Además, cualquier sistema de control que registre datos personales (como nombre, DNI o imágenes) debe contar con una base legal, ser proporcional a su finalidad y ofrecer a los usuarios mecanismos de información y ejercicio de derechos (acceso, rectificación, supresión, etc.).

Esta normativa implica que:

- Los registros de entrada deben contar con el consentimiento informado o estar justificados por un interés legítimo.
- Las cámaras de acceso deben señalizarse adecuadamente.
- No se puede difundir información personal innecesariamente.

Por último, dentro de una organización, el origen de incidentes de seguridad no siempre proviene de personas ajenas. En numerosas ocasiones, empleados, proveedores habituales o personal autorizado pueden representar un riesgo potencial, ya sea de forma intencionada o accidental. Entre los **riesgos internos** más relevantes se encuentran:

- **Fraude y apropiación indebida de bienes o recursos:** el acceso no controlado a zonas de almacenamiento, cajas fuertes o servidores puede facilitar la sustracción de materiales, equipos o fondos.
- **Fuga de información sensible:** documentos confidenciales, bases de datos de clientes o diseños industriales pueden ser copiados o sustraídos si no se limita el acceso a personal estrictamente autorizado.
- **Sabotaje o alteración de procesos:** la entrada de personas no autorizadas a áreas críticas, como centros de control, sistemas informáticos o instalaciones técnicas, puede derivar en daños operativos intencionados, interrupciones del servicio o manipulación de datos.

Por tanto, para mitigar riesgos, el control de accesos debe complementarse con **políticas internas** claras y **procedimientos de verificación** que incluyan:

- Asignación precisa de permisos según funciones y responsabilidades, aplicando el principio de "mínimo privilegio".
- Registro detallado de entradas y salidas, que permita detectar patrones anómalos o movimientos fuera de horario habitual.
- Integración con sistemas de monitorización que permitan relacionar cada acceso con la actividad realizada en la zona, como cámaras de videovigilancia o sensores de uso.
- Auditorías periódicas para evaluar la coherencia entre los permisos concedidos y las funciones reales del personal.

1.2. Conocimiento de los niveles de acceso

En cualquier sistema de seguridad, especialmente en instalaciones con múltiples zonas funcionales, es imprescindible establecer niveles de acceso diferenciados según el grado de autorización y necesidad operativa de cada persona o grupo.

Los niveles de acceso son categorías predefinidas que determinan **quién puede entrar, en qué lugar, en qué momento y bajo qué condiciones.**

¿Por qué es importante establecer niveles de acceso?

- Evita accesos indebidos o accidentales.
- Facilita la trazabilidad de movimientos.
- Permite actuar en caso de incidentes, gracias a los registros asociados a cada nivel.
- Garantiza el cumplimiento normativo en sectores donde es obligatorio restringir áreas sensibles.
- Aumenta la eficiencia operativa, ya que cada persona solo accede a los recursos que necesita.

Fig. 3. La clasificación busca garantizar la seguridad del entorno, evitando accesos innecesarios o potencialmente peligrosos a zonas críticas, restringidas o confidenciales

A continuación, se expone un ejemplo de estructura básica de niveles de acceso, adaptable a diversos entornos (corporativos, industriales, sanitarios, educativos, etc.).

Nivel de acceso	Descripción	Ejemplo de usuarios
Nivel 0 - Libre	Acceso general sin restricciones	Visitantes en zona de recepción, vestíbulos
Nivel 1 – Básico	Acceso controlado a zonas comunes o de trabajo general	Personal administrativo
Nivel 2 - Medio	Acceso a zonas técnicas, almacenes o espacios operativos	Técnicos, mantenimiento
Nivel 3 - Restringido	Acceso a áreas críticas o confidenciales, con autorización especial	Dirección, seguridad, personal médico
Nivel 4 - Alto	Acceso a sistemas de control central, servidores, cámaras o instalaciones clave	Administradores de sistemas, jefatura

Ejemplo

Situación en un centro logístico:

- Los repartidores externos tienen un pase de Nivel 0, que solo les permite acceder al muelle de carga.
- Los operarios de almacén cuentan con un Nivel 1, que les da acceso al área de estanterías y recepción.
- Los encargados de turno tienen un Nivel 2, accediendo además a zonas de control y gestión de inventario.
- El personal de IT opera en salas con servidores (Nivel 3).
- La dirección del centro accede a todas las zonas (Nivel 4), incluidos archivos y cámaras.

No todas las organizaciones utilizan la misma escala numérica, por ejemplo, algunos entornos (como hospitales, aeropuertos o plantas químicas) emplean sistemas más complejos, incluso con permisos temporales o segmentados por franjas horarias, identidad biométrica o ubicación GPS.

Fig. 4. Los niveles de acceso altos son fundamentales en organismos oficiales y sectores sensibles

Respecto a los **métodos de aplicación** de niveles de acceso, algunos ejemplos son:

- **Listas de acceso en papel.** Sencillas y de bajo coste, pero son difíciles de actualizar y poco seguras.
- **Tarjetas magnéticas o RFID.** Flexibles, personalizables y permiten registro automático. Por otro lado, son vulnerables a extravíos o robos.
- **Biometría (huella, iris, rostro).** Alta seguridad e intransferibles. Respecto a sus limitaciones, requieren inversión tecnológica y existe riesgo de posibles fallos técnicos.
- **Aplicaciones móviles con QR.** Cómodas y con integración digital. Por otra parte, requieren dispositivos y conectividad.

Aunque la legislación no define de forma concreta los "niveles de acceso", sí impone **obligaciones de restricción, protección y registro de accesos en sectores sensibles,** como:

- En materia de protección de datos, el artículo 32 del RGPD exige establecer medidas técnicas y organizativas para garantizar la confidencialidad de los datos, lo que incluye limitar el acceso solo a personas autorizadas.
- En infraestructuras críticas o áreas clasificadas, se aplican normativas específicas que obligan a establecer niveles de acceso controlado, bajo supervisión y con trazabilidad (por ejemplo, Ley 8/2011 sobre protección de infraestructuras críticas).

Cabe señalar que muchas organizaciones implementan permisos temporales y condicionales para cubrir necesidades específicas y limitar la exposición a riesgos. Por un lado, los **permisos temporales** se otorgan por un período de tiempo previamente establecido y finalizan automáticamente una vez cumplido el plazo. Este tipo de autorización es frecuente en situaciones como:

- Participación en un proyecto con fecha de finalización (acceso a un laboratorio o sala técnica durante la fase de pruebas).
- Trabajos de mantenimiento o reparación (entrada a salas de servidores o instalaciones críticas mientras se realiza la intervención).
- Eventos puntuales (acceso a un auditorio o sala de conferencias para una jornada o reunión específica).

Por su parte, los **permisos condicionales** dependen del cumplimiento de una o varias condiciones para poder ser utilizados. Estas condiciones pueden estar relacionadas con el horario, la ubicación o la verificación previa de identidad. Ejemplos comunes son:

- Acceso válido solo en un rango horario concreto, como de 08:00 a 14:00.
- Autorización para ingresar únicamente acompañado por personal de la empresa.
- Permiso condicionado a la entrega o validación de documentación específica antes de la entrada.

La utilización de este tipo de permisos aporta beneficios relevantes para la seguridad, como:

- Reducción de la exposición a riesgos, al limitar el acceso estrictamente al tiempo y condiciones necesarias.
- Control más preciso sobre quién accede, cuándo y bajo qué circunstancias.
- Facilidad de auditoría, ya que se puede revisar la actividad vinculada a autorizaciones puntuales y verificar su coherencia con la justificación inicial.

Por último, para su correcta aplicación, los permisos temporales y condicionales deben gestionarse mediante un sistema que permita:

- Configurar automáticamente la caducidad o restricciones de uso.
- Notificar a los responsables cuando el acceso esté próximo a expirar o se incumpla alguna condición.
- Mantener un registro detallado que sirva como respaldo ante incidencias o auditorías.

De esta forma, el control de accesos se adapta a situaciones cambiantes sin comprometer la seguridad general de la instalación.

2. Clasificación de accesos

La clasificación de accesos hace referencia a los diferentes tipos de entradas que deben controlarse en un espacio determinado. Estos accesos no se limitan a personas; también pueden incluir también objetos personales, mercancías, mobiliario o vehículos.

El objetivo de esta clasificación es organizar y aplicar medidas de control adaptadas a cada tipo de flujo de entrada o salida, asegurando la protección del entorno sin interferir innecesariamente en su funcionamiento normal.

Fig. 5. Cada tipo de acceso requiere procedimientos específicos, dispositivos adecuados y niveles de autorización diferenciados

Por tanto, la tipología general de accesos es la siguiente:

- **Acceso de personas.** Entrada y salida de individuos, ya sean empleados, visitantes o proveedores (personal, clientes, técnicos, personal de limpieza...).
- **Acceso de objetos/muebles.** Entrada o salida de bienes muebles, materiales de trabajo, equipos portátiles (maletas, mochilas, ordenadores, muebles de oficina...).
- **Acceso de mercancías.** Movimiento de productos para carga, descarga o entrega (palets, cajas, paquetes de reparto...).
- **Acceso de vehículos.** Circulación de vehículos dentro o fuera del recinto (coches, furgonetas, camiones de reparto...).

A continuación, se desarrolla en profundidad cada uno de estos tipos.

2.1. Gestión del acceso de personas

Como se ha mencionado, la gestión del acceso de personas consiste en controlar quién entra o sale de un espacio determinado, en qué momento lo hace, por qué motivo y bajo qué condiciones. Este proceso debe garantizar un equilibrio entre seguridad, fluidez operativa y respeto a los derechos individuales.

Los tipos de personas que acceden son:

- **Personal autorizado.** Empleados fijos o temporales con acceso regular. Acceso con tarjeta personal o biometría.
- **Visitantes.** Personas que acuden por un tiempo limitado. Registro en recepción, pase de visitante.
- **Proveedores externos.** Técnicos o transportistas que acceden por tareas concretas. Verificación previa, autorización temporal.
- **Personal de emergencia.** Acceden en caso de urgencia, no están previamente registrados. Acceso inmediato con notificación al responsable.

En estos casos, el **procedimiento** básico de gestión del acceso consiste en:

1. **Identificación de la persona:** mediante documento, tarjeta, biometría o aplicación.
2. **Verificación de autorización:** comprobación en bases de datos, listas o sistema digital.
3. **Registro del acceso:** hora de entrada/salida, nombre, motivo de la visita.
4. **Entrega de distintivo:** tarjeta, pase o acreditación visible.
5. **Supervisión del recorrido:** en algunos casos, acompañamiento o indicaciones sobre zonas permitidas.

Respecto a los **dispositivos** comunes más utilizados, cabe señalar los siguientes:

- **Lectores de tarjetas.** Autentican al portador mediante tarjeta RFID. Son rápidos, reutilizables y económicos.
- **Lector biométrico.** Reconoce huella, rostro o iris. Proporcionan alta seguridad, difícil de suplantar.
- **Código QR desde móvil.** Acceso digital temporal. Ideal para visitantes o eventos.
- **Lista en papel o Excel.** Control manual de visitantes. Bajo coste, pero menos seguro.

Ejemplo

Un visitante llega a las 10:00 a la recepción indicando que tiene una reunión con la responsable de RRHH. El personal de control:

- Solicita el DNI para registrar su entrada.
- Verifica en la agenda si tiene cita concertada.
- Entrega un pase con la etiqueta "Visitante - Planta 3".
- Registra la hora de entrada en el sistema.
- Le indica la ruta hasta la sala de reuniones.

A la salida, el visitante devuelve el pase y se registra la hora de salida. Este proceso permite trazabilidad, control y seguridad, sin afectar a la experiencia del visitante.

Por tanto, la gestión del acceso de personas debe tener en cuenta:

- **Principio de proporcionalidad:** no se debe solicitar más datos de los necesarios.
- **Finalidad concreta:** el registro debe servir exclusivamente para el control de accesos.
- **Limitación temporal:** los datos no deben conservarse más tiempo del necesario.
- **Medidas de seguridad:** como el uso de claves, almacenamiento cifrado o accesos restringidos a los registros.

Toda recogida de datos personales en el registro de accesos debe cumplir con el RGPD y la LOPDGDD. En la práctica, esto se resuelve mediante un cartel visible o una cláusula informativa en el formulario de registro.

Fig. 6. Es obligatorio informar al usuario sobre el tratamiento de sus datos, su finalidad y los derechos que le asisten

2.2. Gestión del acceso de muebles portados

El acceso de muebles portados hace referencia a los objetos personales o corporativos que transportan las personas al entrar o salir de un recinto.

¿Qué se considera "mueble portado"?

- **Equipamiento informático:** ordenadores portátiles, tablets, memorias USB.
- **Material personal:** bolsas, mochilas, maletas, cascos.
- **Documentación:** carpetas, sobres cerrados, informes impresos.
- **Herramientas de trabajo:** maletines técnicos, equipos eléctricos portables.

A diferencia de la entrada de mercancías, este tipo de acceso está vinculado al movimiento individual y cotidiano, y puede suponer un riesgo potencial de intrusión, robo o sustracción de información si no se controla adecuadamente. Por lo que este tipo de control resulta especialmente sensible en edificios corporativos; centros educativos o sanitarios; zonas administrativas con documentación confidencial; entornos tecnológicos o de investigación.

Por tanto, los **protocolos de actuación** recomendados son:

1. Inspección visual o por escáner (si se dispone del dispositivo) en el momento de entrada o salida.
2. Identificación y registro de objetos no habituales, especialmente si no pertenecen al personal o si su salida puede generar sospechas.
3. Etiqueta de autorización para objetos personales, por ejemplo: "autorizado a salir con portátil corporativo".
4. Autorización previa firmada en caso de que el objeto pertenezca a la empresa o tenga valor económico o confidencial.
5. Coordinación con otros departamentos, si un empleado extrae equipos informáticos, se debe verificar que está autorizado por IT o su responsable.

 **Importante**

Este tipo de control no debe realizarse de forma invasiva ni vulnerar la privacidad de las personas. No se pueden abrir bolsos ni maletas sin consentimiento. En caso de sospecha fundada, se debe informar a la autoridad correspondiente o al responsable de seguridad, sin tomar acciones coercitivas si no se está habilitado legalmente para ello.

Un empleado pretende salir del edificio con un proyector portátil de la empresa. El personal de control:

- Verifica que no hay constancia previa de su salida.
- Contacta con el responsable de área.
- Se confirma que va a ser utilizado en una presentación externa.
- Se etiqueta el objeto como "Salida autorizada – Fecha y nombre".
- Se anota en el registro correspondiente.

Por último, en la gestión del acceso de muebles portados resulta útil establecer una **clasificación del riesgo** de los objetos que se transportan, ya que no todos requieren el mismo nivel de control ni las mismas medidas de verificación. Esta clasificación permite priorizar la inspección y optimizar recursos, evitando revisiones innecesarias y concentrando la atención en los elementos más sensibles.

- **Riesgo bajo:** objetos personales comunes o de escaso valor económico, cuya entrada o salida no representa un riesgo significativo para la seguridad ni para la actividad de la instalación. Por ejemplo: bolsos pequeños, botellas de agua, prendas de vestir, carpetas vacías.
- **Riesgo medio:** objetos con valor económico moderado o que contienen información corporativa, cuya pérdida o manipulación no autorizada podría afectar a la operativa. Por ejemplo, ordenadores portátiles, cámaras fotográficas, herramientas especializadas, documentos de trabajo no confidenciales.
- **Riesgo alto:** objetos de alto valor económico, relevancia estratégica o potencial peligrosidad, cuya entrada o salida sin control podría provocar daños materiales, pérdidas económicas graves o incidentes de seguridad. Por ejemplo: dispositivos de almacenamiento con información sensible, equipos técnicos de gran valor, sustancias peligrosas, prototipos o material sujeto a secreto industrial.

En función de la categoría de riesgo, los protocolos de control pueden ir desde una inspección visual rápida hasta la exigencia de autorización firmada y registro detallado, incorporando, cuando sea necesario, dispositivos de trazabilidad como etiquetas RFID o precintos numerados.

Fig. 7. Hay que recordar que, a pesar del riesgo, no se pueden abrir bolsos ni maletas sin consentimiento, sino que se debe informar a la autoridad correspondiente

2.3. Gestión del acceso de mercancías

El control de mercancías se refiere al procedimiento mediante el cual se supervisa, autoriza y registra la entrada y salida de productos, materiales o suministros en una instalación. Este tipo de acceso tiene una importancia especial en sectores como logística, industria, comercio o alimentación, donde el volumen y la naturaleza de las mercancías exige procesos claros, eficientes y seguros.

A diferencia de los objetos personales, las mercancías suelen gestionarse a través de protocolos más estructurados, en los que intervienen varios departamentos: recepción, compras, almacén, seguridad, etc. Los factores a tener en cuenta en la gestión de mercancías son los siguientes:

- **Documentación obligatoria:** albaranes, pedidos, hojas de ruta, autorizaciones internas.
- **Verificación física:** inspección del contenido, conteo, estado de los embalajes.
- **Identificación del transportista:** nombre, matrícula, empresa, persona de contacto.
- **Registro detallado:** hora de entrada y salida, volumen, ubicación temporal.
- **Coordinación interna:** confirmación con el departamento receptor antes de permitir el acceso.

Fig. 8. Una comunicación fluida y eficaz entre el personal de los diferentes departamentos es fundamental para garantizar la gestión de las mercancías

Por otro lado, las mercancías se pueden clasificar según riesgo o control:

- **Material de oficina.** Bajo – Comprobación básica.
- **Equipos tecnológicos.** Medio – Registro y confirmación con el departamento receptor.
- **Sustancias químicas.** Alto – Control estricto, registro de seguridad y seguimiento.
- **Productos refrigerados.** Medio – Comprobación rápida, acceso inmediato al almacén.
- **Mercancía con valor elevado.** Alto – Registro doble, acompañamiento y autorización firmada.

 **legislación**

En el caso de mercancías peligrosas o sujetas a regulación, como productos químicos, explosivos, medicamentos o alimentos perecederos, se deben cumplir normativas específicas, como:

- ADR: Acuerdo europeo sobre el transporte internacional de mercancías peligrosas por carretera.
- Normativas de sanidad y consumo (para productos alimentarios).
- Regulación interna del centro receptor, según el tipo de actividad.

Por último, cabe señalar algunas buenas prácticas que se pueden llevar a cabo en cuanto al control de acceso de mercancías:

- Usar dispositivos como barreras físicas, lectores de matrículas o cámaras para reforzar la trazabilidad.
- Establecer zonas de carga y descarga seguras y separadas del acceso general de personas.
- Evitar la entrada de mercancías sin aviso previo o sin identificación completa.
- Capacitar al personal para reconocer señales de manipulación indebida, embalajes sospechosos o incongruencias entre documentación y contenido.

2.4. Gestión del acceso de vehículos

El control del acceso de vehículos es un componente esencial en cualquier sistema de seguridad integral, especialmente en recintos industriales, logísticos, hospitalarios, administrativos, educativos o residenciales.

Este tipo de control tiene como objetivo, por un lado, la seguridad física del entorno, y, por otro, la optimización del tráfico interno, la prevención de incidentes y la trazabilidad de movimientos.

Importante

Dado que los vehículos pueden transportar tanto personas como mercancías u objetos potencialmente peligrosos, su control debe ser estricto, ordenado y coherente con los protocolos internos.

Los vehículos que pueden acceder se pueden clasificar de la siguiente forma:

- **Vehículo de personal.** Coches particulares de empleados.
- **Vehículo de visitantes.** Coches de personas externas con autorización temporal.
- **Vehículo de reparto.** Furgonetas de mensajería, camiones de proveedores.
- **Vehículo de servicio.** Ambulancias, policía, bomberos, mantenimiento externo.
- **Vehículo de flota interna.** Vehículos registrados como parte del servicio del centro.

Respecto al control de acceso de estos puede variar según el tipo y el nivel de seguridad del entorno, pero en términos generales los pasos son:

1. **Identificación del conductor:** mediante documento, tarjeta o sistema automático.
2. **Verificación del vehículo:** matrícula, tipo, registro en base de datos (si aplica).
3. **Comprobación del motivo del acceso:** entrega, servicio, cita, pertenencia al centro.
4. **Autorización y registro:** anotación de hora, datos del conductor y destino.
5. **Control físico:** apertura de barrera, supervisión por cámara o vigilancia directa.
6. **Indicaciones de circulación interna:** rutas permitidas, zonas de estacionamiento.

Además, se puede hacer una clasificación habitual de los dispositivos y tecnologías más habituales:

- **Lector de matrículas (LPR).** Automatiza el reconocimiento y registro del vehículo.
- **Barreras automáticas.** Regulan la entrada y salida tras verificación.
- **Cámaras de vigilancia.** Supervisan el entorno y graban incidencias.
- **Tarjetas de acceso vehicular.** Controlan el acceso a zonas internas.
- **Señalización interna.** Indica rutas, límites de velocidad y zonas permitidas.

En un hospital, accede una furgoneta de reparto:

- El conductor presenta su DNI y el albarán de entrega.
- El personal de control verifica que el proveedor está autorizado.
- Se registra la matrícula y se le entrega una tarjeta temporal de acceso al muelle de carga.
- Una cámara graba la entrada y registra el paso por lector de matrícula.
- Tras la entrega, se recoge la tarjeta y se registra la hora de salida.

Este ejemplo muestra cómo la coordinación entre control de accesos y departamentos internos (logística, seguridad, recepción) permite una gestión segura y eficiente.

En instalaciones críticas, como aeropuertos, plantas químicas o infraestructuras estratégicas, la entrada de vehículos debe cumplir con normativas específicas de seguridad, incluyendo escáneres bajo el vehículo, perros detectores o autorización previa verificada por sistemas centrales. Por tanto, es importante considerar algunos criterios de seguridad específicos, como:

- Establecer zonas diferenciadas para visitantes, personal y proveedores.
- Limitar el acceso fuera del horario autorizado, salvo emergencias.
- Prohibir el acceso sin identificación clara del conductor y el motivo.
- Supervisar el tiempo de permanencia en el interior.
- Disponer de protocolos para actuar ante vehículos sospechosos o abandonados.

Fig. 9. Los perros detectores son muy útiles en áreas como la detección de explosivos, drogas...

En definitiva, el acceso de vehículos no debe tratarse como una dimensión aislada, ya que a menudo conlleva también el acceso de personas, mercancías u objetos. Por ello, es fundamental:

- Sincronizar los registros de personas y vehículos.
- Aplicar controles cruzados en la entrada y salida.
- Establecer un registro completo de movimientos, especialmente en actividades logísticas o de transporte de valor.

3. Integración con otros subsistemas y aplicaciones

En un entorno seguro y eficaz, el control de accesos no funciona de manera aislada, sino que se integra con otros subsistemas y aplicaciones que refuerzan la protección de personas, bienes e información.

Esta integración permite crear entornos inteligentes, automatizados y trazables, donde cada elemento cumple una función específica y contribuye al conjunto. Un sistema de seguridad eficaz está, por tanto, **interconectado.**

Fig. 10. La coordinación entre distintos sistemas permite actuar de forma inmediata ante anomalías, reducir errores humanos, aumentar la eficiencia operativa y optimizar el uso de los recursos disponibles

¿Qué subsistemas pueden integrarse con el control de accesos?

- **Sistemas de videovigilancia (CCTV).** Supervisión visual en tiempo real y grabación de accesos.
- **Sistemas de alarmas.** Activación automática si se detecta una intrusión fuera de horario o acceso no autorizado.
- **Gestión de horarios/fichaje.** Registro de la jornada laboral mediante el mismo sistema de acceso.
- **Sistemas de gestión de visitantes.** Registro digital, envío de invitaciones, emisión de credenciales temporales.
- **Aplicaciones móviles de acceso.** Uso de QR, Bluetooth o NFC para validar accesos desde el teléfono móvil.
- **Control de aforo.** Monitorización del número de personas dentro de un recinto en tiempo real.
- **Sistemas contra incendios y evacuación.** Desbloqueo automático de puertas en caso de emergencia.

Un edificio corporativo inteligente utiliza:

- Tarjetas de acceso RFID para empleados.
- Videovigilancia vinculada a cada punto de acceso.
- Control horario automático al pasar la tarjeta.
- Gestor de visitantes que emite códigos QR de entrada.
- Sensor de aforo que limita el acceso cuando se supera la capacidad permitida.
- En caso de incendio, el sistema de control de accesos desbloquea puertas y abre rutas de evacuación, mientras se activan las alarmas y se notifica a seguridad.

Este modelo muestra cómo la integración entre sistemas mejora la seguridad, aumenta la funcionalidad y automatiza procesos complejos.

Por tanto, las ventajas de la integración de sistemas se pueden resumir en las siguientes:

- Automatización de procesos y reducción de errores manuales.
- Mayor seguridad mediante detección cruzada de incidencias.
- Rapidez de respuesta ante eventos imprevistos.
- Acceso a datos combinados para auditorías, análisis y mejora continua.
- Mantenimiento centralizado y más eficiente.

 Anotación

La integración de subsistemas no requiere siempre una gran infraestructura. Existen soluciones modulares que permiten conectar sistemas de acceso con cámaras, alarmas o aplicaciones móviles, incluso en pequeñas instalaciones, con una inversión escalable.

Por último, algunas consideraciones técnicas y legales a tener en cuenta en estos casos son:

- **Compatibilidad tecnológica.** Es fundamental que los diferentes sistemas usen estándares comunes (como SCORM, ONVIF o API abiertas) para poder integrarse correctamente.
- **Ciberseguridad.** Todos los sistemas integrados deben estar protegidos frente a accesos no autorizados, especialmente si están conectados a internet.
- **Protección de datos.** La integración de sistemas suele implicar un tratamiento más complejo de datos personales. Es imprescindible aplicar el principio de minimización y contar con medidas de seguridad adecuadas conforme al RGPD.

4. Conocimiento de los medios humanos de control

Los medios humanos de control hacen referencia al personal que interviene activamente en la supervisión, verificación y gestión de los accesos a instalaciones, recintos o sistemas.

Fig. 11. Aunque la tecnología ha automatizado muchos procesos, la presencia de profesionales bien formados sigue siendo esencial para garantizar una respuesta efectiva, el criterio ante situaciones no previstas y una atención personalizada

Los principales perfiles de medios humanos de control son:

- **Auxiliar de control de accesos.** Identificación, atención a visitantes, registro manual, comunicación con otros departamentos.
- **Vigilante de seguridad.** Supervisión general, actuación en situaciones de riesgo, colaboración con fuerzas de seguridad.
- **Recepcionista o conserje.** Control de accesos básico en edificios administrativos o residenciales.
- **Personal de logística.** Coordinación de entradas y salidas de mercancías y vehículos.
- **Encargado de seguridad.** Supervisión del personal de control, análisis de incidencias, contacto con servicios externos.

La Ley 5/2014, de Seguridad Privada, regula las funciones, requisitos y limitaciones del personal de seguridad. Los auxiliares pueden colaborar en el control de accesos, pero no pueden realizar funciones propias del vigilante (como detenciones o uso de defensa), salvo que estén debidamente habilitados. Por tanto, cabe señalar las principales diferencias entre auxiliar de control y vigilante de seguridad:

Criterio	Auxiliar de control	Vigilante de seguridad
Formación obligatoria	No requiere habilitación oficial	Habilitación oficial por el Ministerio del Interior
Acciones permitidas	Observación, identificación, registro, aviso	Intervención activa ante delitos, cacheo, retención temporal
Presencia en instalaciones	Habitual en accesos no conflictivos o de bajo riesgo	Obligatoria en entornos de alto riesgo o exigencia legal
Uso de medios coercitivos	No permitido	Permitido bajo condiciones legales específicas

Por otra parte, los medios humanos de control deben contar con competencias más allá del conocimiento técnico, especialmente si están en contacto con el público o en situaciones sensibles, como:

- Comunicación clara y respetuosa.
- Atención al detalle y capacidad de observación.
- Gestión del estrés y autocontrol.
- Resolución de conflictos menores sin recurrir a confrontación.
- Criterio y prudencia ante situaciones ambiguas.
- Discreción y sentido de la responsabilidad.

Además, suele actuar en conjunto con:

- Dispositivos tecnológicos (lectores, cámaras, software).
- Protocolos escritos de seguridad interna.
- Departamentos de recursos humanos, recepción o logística.
- Empresas externas de seguridad privada, en instalaciones de alto nivel de riesgo.

Ejemplo

Un visitante insiste en entrar sin cita previa en una oficina administrativa, mostrando actitud impaciente. Actuación del personal de control (no habilitado):

- Le solicita amablemente que se identifique.
- Verifica si su nombre está en la agenda o base de datos.
- Contacta con el departamento correspondiente.
- Informa con calma que no puede acceder sin autorización.
- En caso de persistencia, no interviene físicamente, pero notifica al personal superior o a un vigilante, si lo hubiera.

Este ejemplo demuestra cómo la actuación correcta previene conflictos sin necesidad de fuerza.

Importante

Una coordinación fluida y el conocimiento del rol de cada persona refuerza la eficacia de todo el sistema.

5. Gestión de los sistemas de identificación de personas

La identificación de personas es una de las funciones fundamentales en el control de accesos. Permite confirmar si una persona es quien dice ser y si está autorizada para acceder a un lugar, sistema o servicio.

Esta verificación puede realizarse de forma no automática (manual) o automática, en función del nivel de seguridad requerido, el tipo de instalación y los recursos disponibles.

Recuerda

La gestión eficaz de estos sistemas implica conocer los métodos de identificación existentes, aplicar los protocolos adecuados, proteger los datos personales recogidos y actuar con rigor en el proceso de validación.

5.1. Uso de sistemas de identificación no automática

Los sistemas de identificación no automática se basan en la intervención directa de una persona (generalmente el personal de control) para comprobar manualmente la identidad de otra. Este tipo de verificación no emplea tecnologías automatizadas ni requiere dispositivos electrónicos avanzados. Sus características principales son:

- Dependen del criterio humano para verificar la identidad.
- Pueden apoyarse en documentación física o registros escritos.
- Son adecuados para entornos de baja complejidad o bajo volumen de accesos.
- Requieren una atención constante y capacitación básica del personal.

Respecto a los métodos comunes de identificación no automática y sus ventajas y desventajas, se pueden clasificar de la siguiente forma:

Método	Descripción	Ventajas	Desventajas
Documento de identidad	Se solicita el DNI, pasaporte, carnet profesional u otra acreditación	Comprobación directa, legalmente válida	Posibilidad de suplantación o falsificación
Lista de personas autorizadas	Consulta de un listado físico o digital (sin verificación biométrica)	Útil en visitas, eventos, reuniones	Requiere actualización constante
Conocimiento personal	El control se basa en reconocer al usuario habitual por su aspecto o nombre	Rápido y sin necesidad de documentación	Poco fiable en instalaciones grandes
Preguntas de verificación	Se solicitan datos personales o corporativos para comprobar la identidad	Añade una capa de seguridad	Poco efectivo si no se gestiona bien

Aunque no se trate de sistemas automáticos, el tratamiento de datos personales sigue sujeto al RGPD y a la LOPDGDD.

Fig. 12. El personal debe estar formado para saber qué datos puede solicitar, cómo registrarlos y durante cuánto tiempo conservarlos

Por tanto, es necesario tener en cuenta una serie de buenas prácticas en la identificación no automática:

- Solicitar siempre el mismo tipo de documentación para evitar trato desigual.
- Comprobar la validez del documento (vigencia, coincidencia de fotografía, etc.).
- Registrar la entrada en un documento o aplicación con fecha, hora y motivo.
- Evitar anotar más datos de los necesarios (por ejemplo, no fotocopiar documentos salvo autorización expresa).
- Informar al usuario de que sus datos están siendo tratados para fines de seguridad.

Ejemplo

En una oficina administrativa, un visitante llega para entregar documentación. El personal de control:

- Solicita el DNI para verificar su identidad.
- Consulta una lista impresa de citas previstas.
- Registra en una hoja la hora de entrada, nombre completo y motivo de la visita.
- Le entrega un pase temporal numerado.
- A la salida, anota la hora de salida y recupera el pase.

Resumen

En definitiva, algunas ventajas y desventajas generales de estos sistemas son:

Ventajas	Desventajas
• Bajo coste, accesible para cualquier instalación • No requiere infraestructura tecnológica • Permite atención personalizada al visitante	• Mayor margen de error humano • Escasa trazabilidad en grandes volúmenes • Vulnerable a suplantaciones o documentación falsa

5.2. Uso de sistemas de identificación automática

A diferencia de los sistemas comentados anteriormente, los sistemas de identificación automática permiten reconocer y verificar la identidad de una persona sin intervención directa del personal de control, mediante el uso de tecnología electrónica o digital.

Estos sistemas han adquirido gran relevancia en el control de accesos, especialmente en instalaciones con alto volumen de usuarios, niveles de seguridad elevados o necesidad de trazabilidad precisa. Su implementación permite automatizar procesos, reducir errores humanos y aumentar la eficiencia y seguridad del sistema global de control.

Las principales tecnologías de identificación automática y sus usos frecuentes son las que se describen a continuación.

Tecnología	Descripción	Usos frecuentes
Tarjetas RFID o magnéticas	Tarjetas que emiten una señal al pasar por un lector cercano	Acceso a oficinas, gimnasios, hoteles
Códigos QR / NFC en móviles	Envío de códigos de acceso digitales a dispositivos móviles	Eventos, visitas, zonas temporales
Biometría (huella, iris, rostro)	Reconocimiento de rasgos físicos únicos de cada persona	Acceso a zonas de alta seguridad
Reconocimiento facial	Identificación mediante análisis de la cara del usuario en tiempo real	Empresas tecnológicas, aeropuertos, torniquetes
Lector de matrículas (LPR)	Identifica automáticamente vehículos autorizados al cruzar una barrera	Parkings, centros logísticos

En líneas generales, algunas ventajas de la identificación automática son:

- **Mayor seguridad:** minimiza la posibilidad de suplantación de identidad.
- **Rapidez:** acceso fluido sin necesidad de verificación manual.
- **Registro automático y trazable:** ideal para auditorías o revisiones.
- **Integración con aplicaciones móviles y plataformas digitales.**
- **Automatización de procesos:** permite programar autorizaciones por horario, zona o tipo de usuario.

Ejemplo

En un edificio de oficinas moderno, los empleados acceden usando su huella dactilar. Este sistema:

- Reconoce al usuario al colocar el dedo en el lector.
- Verifica si tiene acceso autorizado en ese momento y zona.
- Registra automáticamente hora, nombre y puerta utilizada.
- En caso de intento fallido (usuario no registrado), lanza una alerta al panel de seguridad.

Este proceso no requiere intervención humana directa, pero sí una gestión previa del sistema, mantenimiento y supervisión periódica.

Por otro lado, en instalaciones donde se requiere un nivel de seguridad superior, es frecuente la **integración de credenciales múltiples** para autorizar el acceso a zonas críticas. Este enfoque consiste en combinar dos o más métodos de verificación de identidad, de forma que el usuario deba superar cada uno de ellos para completar el proceso de entrada.

Un ejemplo habitual es la combinación de tarjeta de proximidad (RFID) y biometría (huella dactilar, reconocimiento facial o escáner de iris). En este caso, la tarjeta sirve como primer filtro de identificación y la verificación biométrica confirma de forma inequívoca que la persona que la utiliza es su titular. Las principales ventajas de este sistema son:

- **Mayor seguridad frente a suplantaciones:** incluso si una tarjeta es robada o copiada, el acceso no se concede sin la confirmación biométrica.
- **Trazabilidad reforzada:** el registro del acceso queda vinculado tanto a un identificador físico como a una característica única de la persona.
- **Protección de activos críticos:** resulta idóneo para salas de servidores, laboratorios, archivos clasificados o áreas con materiales peligrosos.

Importante

Para que este método sea eficaz, se deben considerar aspectos como:
- Garantizar la compatibilidad tecnológica entre los dispositivos de lectura.
- Establecer procedimientos alternativos para casos de fallo de alguno de los sistemas (por ejemplo, incidencia en el lector biométrico).
- Aplicar medidas de protección de datos reforzadas, dado que se manejan datos biométricos, considerados especialmente sensibles por la normativa vigente.

El uso de credenciales múltiples forma parte de la filosofía de **autenticación multifactor,** ampliamente adoptada en el ámbito digital y cada vez más presente en la seguridad física para reducir vulnerabilidades en entornos de alto riesgo. Su uso requiere:

- Justificación clara de la necesidad.
- Consentimiento explícito o amparo legal.
- Medidas de seguridad reforzadas.
- Garantía de acceso restringido a los datos y posibilidad de supresión.

Fig. 13. Cuando se utilizan datos biométricos, se está tratando información especialmente protegida según el Reglamento General de Protección de Datos (RGPD)

Además, algunas consideraciones prácticas a tener en cuenta en el uso de estos sistemas son:

- Se debe formar al personal para gestionar incidencias: fallos de lectura, usuarios no reconocidos, caídas del sistema, etc.
- Es necesario establecer un sistema alternativo o manual en caso de avería o corte de suministro eléctrico.
- La configuración debe contemplar perfiles de usuario, horarios, zonas de paso y niveles de acceso.

Resumen

Para finalizar, se expone una comparativa entre ambos sistemas estudiados y sus características.

Aspecto	No automático	Automático
Intervención humana	Necesaria	No necesaria (excepto supervisión y soporte)
Fiabilidad	Variable, depende del personal	Alta, si está bien calibrado
Coste de implementación	Bajo	Medio o alto, según tecnología
Velocidad	Media	Alta
Nivel de seguridad	Básico o medio	Alto
Trazabilidad	Limitada	Completa y digital

6. Conocimiento de medios de inspección

Los medios de inspección son herramientas o dispositivos empleados para verificar el contenido de objetos, personas o vehículos que acceden o salen de un recinto, con el objetivo de detectar elementos no autorizados, peligrosos o prohibidos.

Los medios de inspección no sustituyen al control de accesos, sino que lo complementan, aportando una capa adicional de seguridad en instalaciones donde el riesgo requiere una revisión más detallada.

Su uso debe estar regulado por la normativa aplicable, especialmente cuando implica inspecciones sobre personas, y siempre debe realizarse de forma proporcional, respetuosa y no invasiva, salvo que lo realice personal habilitado.

Los tipos de medios de inspección se pueden clasificar de la siguiente forma:

Medio de inspección	Uso principal	Ámbitos comunes
Arco detector de metales	Detecta objetos metálicos ocultos en el cuerpo	Aeropuertos, juzgados, eventos públicos
Escáner de equipajes/rayos X	Visualiza el contenido interno de bolsos o maletas sin abrirlos	Puertos, edificios gubernamentales, aduanas
Espejos de inspección	Permite revisar la parte inferior de vehículos o mobiliario	Entradas de garajes, instalaciones industriales
Detectores manuales de metales	Revisión dirigida tras paso por arco o por indicación del operario	Centros educativos, acceso a prisiones
Registro visual manual	Supervisión directa del contenido de bolsos o paquetes	Oficinas, centros comerciales, entornos laborales
Sistemas caninos (K9)	Detectan sustancias como explosivos, drogas o billetes	Grandes eventos, transporte de mercancías, prisiones

Fig. 14. En los aeropuertos es común el uso de diferentes medios de inspección como los detectores de metales y el escáner

Importante

El uso de medios de inspección sobre personas está sujeto a límites legales importantes. Según la Ley 5/2014, de Seguridad Privada, solo el personal de seguridad habilitado puede realizar registros físicos, y siempre bajo ciertas condiciones (existencia de indicios, consentimiento, presencia de testigos, etc.). Los auxiliares de control nunca deben intervenir físicamente ni abrir objetos personales sin autorización.

Por otro lado, se deben tener en cuenta algunos criterios para seleccionar medios de inspección, como:

- **Naturaleza del riesgo:** no se requieren los mismos controles en un centro de formación que en una embajada.
- **Tipo de acceso:** el control de vehículos puede necesitar herramientas específicas.
- **Perfil de usuario:** visitantes puntuales, personal interno o proveedores recurrentes.
- **Nivel de fluidez necesario:** si el volumen de accesos es muy alto, deben usarse medios rápidos y no invasivos.
- **Marco normativo y política interna:** cada instalación puede tener normas internas de seguridad adaptadas a su contexto.

Ejemplo

En la entrada de una planta industrial:

- Se instala un espejo de inspección de vehículos para revisar el chasis inferior de camiones.
- A los trabajadores se les permite el acceso con mochilas, pero en caso de alarma por sospecha (como ruidos metálicos), se solicita inspección visual voluntaria.
- Los dispositivos de rayos X no se utilizan, ya que el volumen de visitas no lo justifica, pero se mantiene un detector manual de metales como refuerzo.

Para documentar correctamente una inspección, es recomendable:

- Registrar los datos básicos: fecha, hora, ubicación y medio de inspección utilizado.
- Identificar al personal responsable de la revisión, así como a la persona o vehículo inspeccionado.
- Describir el resultado de forma objetiva, incluyendo cualquier anomalía detectada, aunque no haya requerido intervención.
- Adjuntar evidencias cuando sea posible, como imágenes, grabaciones o lecturas de dispositivos.
- Asignar un número de referencia o código que permita vincular el registro a otras incidencias, reportes o medidas correctivas.

En cuanto al reporte o informe, este debe:

- Seguir un formato uniforme para facilitar su consulta y análisis.
- Ser remitido al responsable designado en un plazo establecido, especialmente si hay hallazgos relevantes.
- Integrarse, cuando sea posible, en el sistema de gestión de seguridad de la organización, de forma que quede asociado a otros registros de accesos o incidencias.

La correcta trazabilidad de las inspecciones es un requisito frecuente en sectores como el transporte, la industria alimentaria, la logística o las infraestructuras críticas, donde las auditorías (internas o regulatorias) exigen pruebas documentales de que se han seguido los protocolos de control establecidos.

Cabe recordar que en este proceso se deben tener en cuenta algunas consideraciones legales y éticas, como:

- Ningún medio de inspección puede vulnerar derechos fundamentales, como la intimidad o la integridad física.
- Las inspecciones deben ser proporcionales al riesgo, no rutinarias ni arbitrarias.

- La empresa debe informar previamente al personal sobre la posibilidad de inspecciones en su reglamento interno.
- En centros de trabajo, las inspecciones están reguladas por el Estatuto de los Trabajadores (art. 20.3) y deben respetar la dignidad del trabajador.

Resumen

El control de accesos es una función clave en el ámbito de la seguridad que consiste en regular y supervisar quién entra y sale de un espacio determinado, así como en qué condiciones lo hace. Esta tarea puede aplicarse al acceso de personas, vehículos, mercancías u objetos, y tiene como finalidad principal garantizar la seguridad del entorno, prevenir incidentes y proteger bienes y datos. Para ello, se utilizan tanto procedimientos operativos como medios humanos y tecnológicos.

Una correcta gestión del control de accesos comienza por conocer sus funciones básicas: verificar autorizaciones, registrar movimientos, aplicar protocolos de identificación, supervisar entradas y salidas y actuar ante incidencias. Es fundamental establecer niveles de acceso según el grado de autorización necesario, asignando permisos distintos a personal interno, visitantes, proveedores o responsables de áreas sensibles. Esta organización evita accesos indebidos y mejora la trazabilidad de las acciones dentro de un recinto.

La clasificación de accesos permite dividir las entradas en categorías: acceso de personas, de muebles portados, de mercancías y de vehículos. Cada una requiere procedimientos específicos.

Una parte esencial del control de accesos es su integración con otros subsistemas, como cámaras de videovigilancia, alarmas, sistemas de control horario o aplicaciones móviles. Esta coordinación permite una respuesta más rápida ante incidencias y aporta un nivel de seguridad más elevado gracias a la automatización y trazabilidad digital.

Los medios humanos de control, como auxiliares de servicios, recepcionistas o vigilantes de seguridad son responsables de ejecutar estos procedimientos. Su actuación debe estar guiada por protocolos claros, conocimientos actualizados y habilidades personales como la comunicación efectiva, el respeto a la normativa y la capacidad de actuar con criterio ante situaciones imprevistas.

Para llevar a cabo una verificación eficaz, existen sistemas de identificación de personas, que pueden ser no automáticos (como la comprobación manual de un DNI o el uso de listas) o automáticos (como tarjetas RFID, lectores biométricos o códigos QR). Los sistemas automáticos ofrecen mayor seguridad, rapidez y registro digital, pero requieren más infraestructura y formación técnica.

Por último, los medios de inspección complementan el control de accesos al permitir revisar el contenido de bolsos, paquetes o vehículos en busca de elementos no autorizados o peligrosos. Entre los más comunes se encuentran los arcos detectores de metales, los escáneres de rayos X, los espejos de inspección o los detectores manuales.

En todos los casos, el uso de todos estos sistemas deber ser proporcionado, respetuoso con los derechos fundamentales y conforme a la legislación vigente, especialmente en lo relativo a la protección de datos y la intervención sobre personas.

Glosario

Aforo

Número máximo de personas que puede estar presente en un espacio determinado al mismo tiempo, por razones de seguridad o normativas.

Credencial

Documento, tarjeta o distintivo que identifica y acredita a una persona para acceder a un lugar o sistema.

Datos personales

Información que permite identificar directa o indirectamente a una persona (nombre, DNI, imagen, huella dactilar, etc.).

Inspección

Revisión visual, física o técnica de personas, vehículos u objetos para detectar elementos no autorizados o peligrosos.

Medios de inspección

Herramientas o dispositivos utilizados para revisar el contenido de objetos, equipaje, vehículos o personas (espejos, escáneres, detectores...).

Sistema biométrico

Tecnología que utiliza características físicas únicas (huella, iris, rostro) para identificar a una persona.

Subsistema de seguridad

Elemento tecnológico o funcional que forma parte del sistema general de seguridad (videovigilancia, alarmas, control horario...).

Trazabilidad

Capacidad de seguir el rastro de una persona, objeto o acción a través de registros, datos o dispositivos de control.

Ejercicios de autoevaluación

1. Un código QR de acceso enviado a un visitante se considera:

    a. Acceso temporal digital.

    b. Acceso libre.

    c. Acceso ilimitado.

    d. Acceso manual.

2. ¿Qué sistema de control suele utilizarse en gimnasios y hoteles?

    a. Claves biométricas.

    b. Detector de metales.

    c. Tarjetas magnéticas o RFID.

    d. Lector de iris.

3. La integración del control de accesos con el sistema de videovigilancia permite:

    a. Apagar las luces.

    b. Reducir los empleados.

    c. Supervisión visual en tiempo real.

    d. Eliminar registros.

4. ¿Qué documento puede justificar la salida de un objeto de una empresa?

    a. Nómina.

    b. Informe médico.

    c. Albarán externo.

    d. Autorización firmada.

5. ¿Quién está facultado para abrir una mochila si se sospecha que contiene un objeto prohibido?

    a. Auxiliar de recepción.

    b. Vigilante sin habilitación.

    c. Vigilante de seguridad habilitado.

    d. Personal de limpieza.

6. ¿Qué función cumple una barrera automática?

    a. Controlar horarios laborales.

    b. Regular el acceso de vehículos.

    c. Impedir el paso peatonal.

    d. Recoger documentación.

7. ¿Qué debe hacer el personal de control ante un intento de acceso no autorizado?

    a. Negar el acceso e informar al responsable.

    b. Permitir el paso y luego informar.

    c. Confiscar la documentación.

    d. Llamar a la policía inmediatamente.

8. ¿Qué sistema detecta metales ocultos en el cuerpo humano?

    a. Escáner de mercancías.

    b. Cámara infrarroja.

    c. Arco detector de metales.

    d. Reconocimiento facial.

9. ¿Cuál de las siguientes tecnologías permite el acceso sin contacto físico?

   a. DNI físico.

   b. Código de barras impreso.

   c. Llave tradicional.

   d. NFC o Bluetooth desde móvil.

10. En caso de corte eléctrico, los sistemas automáticos deben:

   a. Contar con un sistema alternativo de acceso.

   b. Reiniciarse automáticamente.

   c. Dejar de funcionar permanentemente.

   d. Destruir los registros.

Módulo 1. Control de accesos

Aplicaciones prácticas

Aplicación práctica 1. Organización de un sistema de control

Módulo 1: Control de accesos

Estás encargado de organizar el sistema de control de accesos en un centro de formación con oficinas administrativas, aulas, un almacén de materiales, y una sala técnica de servidores.

El personal se divide en:

- Administrativos/as.
- Docentes.
- Técnicos/as de mantenimiento.
- Visitantes.

Debes definir el nivel de acceso y los espacios autorizados para cada perfil. Para ello, debes completar la siguiente tabla.

Perfil	Nivel de acceso propuesto	Zonas autorizadas
-	-	-
-	-	-
-	-	-
-	-	-

Aplicación práctica 2. Sistemas de identificación

Módulo 1: Control de accesos

En una instalación de oficinas se utiliza un sistema de tarjetas de acceso RFID para empleados y registro manual en papel para visitas.

Recientemente se han producido dos incidencias:

- Una persona accedió con una tarjeta prestada por un compañero.
- Un visitante habitual accedió sin ser registrado porque el responsable estaba atendiendo otra tarea.

En primer lugar, identifica los dos fallos principales en el sistema de identificación. A continuación, propón una mejora razonable para evitar cada fallo en el futuro.

Aplicación práctica 3. Medios de inspección

Módulo 1: Control de accesos

A continuación, se presentan cuatro escenarios con distintos tipos de acceso o actividad, y los medios de inspección disponibles:

Tipos de acceso	Medios de inspección
1. Entrada a un edificio judicial con acceso peatonal restringido 2. Revisión de la parte inferior de un camión en un acceso logístico 3. Inspección del contenido de un bolso en una oficina administrativa 4. Control de objetos en maletas en un centro de congresos internacional	A. Detector manual de metales B. Escáner de rayos X C. Espejo telescópico D. Arco detector de metales

Debes vincular el medio de inspección más adecuado a cada uno, justificando brevemente tu elección.

Aplicaciones prácticas

Ejercicio de evaluación final

1. ¿Cuál es el objetivo principal del control de accesos?

- a. Garantizar la limpieza de las instalaciones.
- b. Controlar el tiempo de los trabajadores.
- c. Regular y verificar la entrada y salida de personas, vehículos y objetos.
- d. Permitir el acceso libre en espacios públicos.

2. ¿Qué tipo de nivel de acceso corresponde a una zona restringida solo para personal autorizado de dirección?

- a. Nivel 1.
- b. Nivel 2.
- c. Nivel 3.
- d. Nivel 0.

3. ¿Cuál de los siguientes NO es un método de identificación no automática?

- a. DNI.
- b. Lista de autorizados.
- c. Reconocimiento visual.
- d. Huella dactilar.

4. En el control de accesos, ¿qué se entiende por "mueble portado"?

- a. Una puerta automática.
- b. Un objeto que una persona lleva consigo.
- c. Un camión de mercancías.
- d. Un documento legal.

5. ¿Qué tecnología permite la apertura automática mediante proximidad?

    a. Tarjeta de papel.

    b. Código de colores.

    c. Clave numérica escrita.

    d. Tarjeta RFID.

6. ¿Cuál es una función clave del personal de control de accesos?

    a. Diagnosticar enfermedades.

    b. Gestionar contratos laborales.

    c. Verificar autorizaciones de entrada.

    d. Instalar cámaras de seguridad.

7. ¿Qué ley regula el tratamiento de datos personales en el control de accesos en España?

    a. Ley de Defensa Nacional.

    b. Ley de Prevención de Riesgos Laborales.

    c. Ley Orgánica 3/2018.

    d. Código Penal.

8. ¿Cuál es un ejemplo de acceso de mercancías?

    a. Un trabajador con mochila.

    b. Un visitante con documentos.

    c. Una familia visitando una exposición.

    d. Un camión de reparto descargando productos.

9. ¿Qué persona puede realizar una inspección física de objetos personales?

 a. Un auxiliar de acceso.

 b. Un vigilante de seguridad habilitado.

 c. Un visitante autorizado.

 d. Un administrativo.

10. ¿Qué nivel de seguridad ofrece un sistema de identificación por reconocimiento facial?

 a. Bajo.

 b. Medio.

 c. Alto.

 d. Nulo.

11. El control de accesos debe respetar siempre:

 a. Los tiempos de descanso.

 b. Los derechos fundamentales de las personas.

 c. El silencio en el entorno.

 d. El precio de los equipos.

12. ¿Cuál de estos perfiles requiere habilitación del Ministerio del Interior?

 a. Recepcionista.

 b. Vigilante de seguridad.

 c. Auxiliar de limpieza.

 d. Administrador informático.

13. ¿Qué sistema es más adecuado para zonas con afluencia alta y necesidad de rapidez?

   a. Identificación automática.
   b. Lista en papel.
   c. Reconocimiento personal.
   d. Firma manuscrita.

14. ¿Qué elemento permite visualizar el contenido de una mochila sin abrirla?

   a. Cámara de vigilancia.
   b. Espejo de inspección.
   c. Escáner de rayos X.
   d. Control de aforo.

15. ¿Qué tipo de dato se considera especialmente protegido según el RGPD?

   a. Teléfono de contacto.
   b. Dirección.
   c. Dato biométrico.
   d. Puesto de trabajo.

16. ¿Cuál es una buena práctica al registrar la entrada de una persona?

   a. Anotar el número de cuenta bancaria.
   b. Registrar solo los datos necesarios.
   c. Preguntar por su religión.
   d. Tomar una foto sin aviso.

17. El uso de medios humanos en el control de accesos es importante porque:

 a. Evita el uso de cámaras.

 b. Elimina los registros.

 c. Permite gestionar situaciones no previstas.

 d. Reduce el número de accesos.

18. ¿Cuál de los siguientes se considera un medio de inspección?

 a. Tarjeta de identificación.

 b. Detector de metales.

 c. Código de acceso.

 d. Torniquete.

19. ¿Qué sistema automatizado permite controlar el acceso de vehículos por su matrícula?

 a. RFID.

 b. QR.

 c. Tarjeta SIM.

 d. Lector LPR.

20. ¿Cuál de estos medios es común en la entrada de aeropuertos?

 a. Arco detector de metales.

 b. Espejo de inspección.

 c. Tarjeta de embarque manual.

 d. Lista impresa.

Solucionario

Módulo 1. Control de accesos

1. a	**6.** b
2. c	**7.** a
3. c	**8.** c
4. d,	**9.** d
5. c	**10.** a

Bibliografía

Legislación

ADR – Acuerdo Europeo sobre el Transporte Internacional de Mercancías Peligrosas por Carretera.

Estatuto de los Trabajadores (Real Decreto Legislativo 2/2015, de 23 de octubre).

Ley 5/2014, de 4 de abril, de Seguridad Privada.

Ley 8/2011, de 28 de abril, por la que se establecen medidas para la protección de las infraestructuras críticas.

Ley Orgánica 3/2018, de 5 de diciembre, de Protección de Datos Personales y garantía de los derechos digitales (LOPDGDD).

Real Decreto 2364/1994, de 9 de diciembre, por el que se aprueba el Reglamento de Seguridad Privada.

Reglamento (UE) 2016/679, del Parlamento Europeo y del Consejo, de 27 de abril de 2016 (RGPD).

Webgrafía

Carnet profesional para controladores de acceso
https://interior.gencat.cat/es/arees_dactuacio/espectacles/carnet_professional_per_a_controladors_dacces/

Control de accesos: 5 funciones de estos sistemas
https://www.novaseguridad.com.co/control-de-accesos-funciones/

Controlador de accesos: Qué es y cuáles son sus funciones

https://grupocontrol.com/controlador-accesos/

¿Cuáles son los tipos de control de acceso?

https://grupospec.com/blog/cuales-son-los-tipos-de-control-de-acceso/

Personal de control de acceso

https://interior.gencat.cat/es/arees_dactuacio/seguretat/identificals/personal-de-control-dacces/

Principales componentes de un sistema de control de acceso

https://www.cdvi.ca/es/principales-componentes-de-un-sistema-de-control-de-acceso/

¿Qué es el "control de acceso en seguridad privada" y cómo hacerlo más eficiente?

https://blog.citytroops.com/es/control-de-acceso-eficiente-en-seguridad-privada/

Ventajas y funciones de un vigilante de control de accesos y un auxiliar en tu empresa

https://www.prosegur.es/blog/seguridad/funciones-controlador-accesos